AF259664

DISCOURS

PRONONCÉ DANS UNE

ASSEMBLÉE GÉNÉRALE

DES CITOYENS

DE LA COMMUNE DU PUY,

CHEF-LIEU DU DÉPARTEMENT

DE LA HAUTE-LOIRE,

Le 20 Nivôse, l'An III de la République Française, une et indivisible, par le *Représentant du Peuple*, PIERRET, envoyé en mission dans ce Département.

———————

AU PUY,

DE L'IMPRIMERIE DE J. B. LACOMBE
ET COMPAGNIE.

DISCOURS

Prononcé par le Représentant du Peuple, Pierret, envoyé en misson dans le Département de la Haute-Loire, dans une Assemblée générale des Citoyens de la Commune du Puy, Chef-lieu de ce Département, le 20 Nivôse, l'An I I I de la République Française, une et indivisible.

LIBERTE, ÉGALITÉ, JUSTICE.

CITOYENS,

Un Représentant du Peuple est au milieu de vous ; il apporte avec lui le désir brûlant de faire le bien : ayez le même besoin, et bientôt sa mission sera utilement et glorieusement remplie.

Que les petites méditations de l'intrigue, les

A 2

calculs froids de l'intérêt privé cessent aujourd'ui : la marche de la JUSTICE est sûre, et rien ne peut l'arrêter ; elle sera rendue à chacun.

Que vos jours, que vos nuits soient paisibles ; si la Terreur mère de l'esclavage, vous fut envoyée, je vous rapporte la Paix : je ne viens point pour détruire, mais pour changer si le salut public l'exige, et mettre tout à sa place.

Je ne ferai point couler des larmes, par-tout je chercherai à les essuyer. Je ne viens point précédé de la vengeance, vous annoncer que tous les hommes, malheureusement trop fameux avant le 9 *Thermidor*, doivent porter leur tête sur l'échafaud : non, parmi plusieurs crimes, il est de nombreuses erreurs, et les erreurs ont besoin d'indulgence ; le crime seul ne doit point espérer de pardon, composer avec lui, seroit s'en rendre complice.

Une faction sanguinaire a long-temps désolé notre malheureuse Patrie, sans doute ces contrées n'ont pas été à l'abri de ses fureurs, sans doute des plaies seignent encore et sollicitent de prompts remèdes.

Je suis ici armé de l'autorité Nationale, non pas, je le répète, pour répandre dans vos

Cités, dans vos habitations, la terreur et l'épouvante, mais pour tendre à l'opprimé une main secourable ; mais pour consoler la vertu trop long-temps persécutée ; mais pour déployer la sévérité des Lois contre les hommes de sang, les dilapidateurs de la fortune publique, et contre ceux qui, abusant des principes d'équité qui dirigent le gouvernement, auroient pu concevoir quelques espérences de retour au despotisme.

Protection aux foibles, guerre implacable aux méchans, justice à tous, telle est la volonté du Peuple Français, telles sont les intentions de la Convention Nationale, tel est le but de ma mission.

Certes ce sera un grand sujet de méditation pour la postérité que cette fatalité qui, après nous avoir fait passer par tous les périodes de la Liberté, nous a précipités au milieu de nos triomphes et de nos victoires, sous le joug le plus honteux qui ait déshonoré l'espèce humaine ! Nous-mêmes, nous nous demanderons long-temps, comment une poignée d'hommes méprisables étoit parvenue à s'élever au-dessus de la Représentation Nationale, comment et par quelles invariables combinaisons elle avoit réussi à fonder sa domination sur la République toute entière, qui dans sa stupeur étoit devenue muette d'étonnement, de voir au milieu d'elle, les lettres de Cachet, les Bastilles et les Échafauds du despotisme auprès de la déclaration des droits de l'Homme.

Il est donc vrai, et les annales du monde nous en offrent trop d'exemples, qu'un Peuple qui marche à l'indépendence, ne doit espérer d'arriver à la LIBERTÉ, qu'après s'être épuré au creuset de l'adversité : une Nation qui veut s'affranchir du joug par cela même que son élan vers la LIBERTÉ, la rend susceptible de toutes les vertus, de toutes les résolutions magnanimes, est facile à entraîner dans l'erreur. Eh ! comment seroit-il possible que l'opinion publique ne s'égarât pas quelquefois au sein des orages révolutionnaires, de ce rapide mouvement qui fait paroître sur la scène politique une si grande variété d'hommes et de choses ? c'est à l'école de l'expérience que les Nations apprennent à être libres : dans une Révolution où toutes les passions fermentent, l'esprit de parti trouve toujours des prosélites ; bientôt vous voyez marcher à sa suite les haines et les vengeances individuelles, l'amour de la Patrie n'est plus que le prétexte de nouveaux attentats, les principes s'altèrent au gré des passions, les mots sacrés de JUSTICE et de LIBERTÉ ne signifient plus rien autre chose dans le Vocabulaire des proscripteurs , qu'*Assassinats* et *Tyrannie*. Au milieu de cette maladie universelle, de cette tourmente générale , l'ambitieux, calme et de sang froid, marche à son but ; il flatte l'orgueil des uns , excite les passions des autres , promet des honneurs à l'ambition, de l'or à la cupidité , des places à l'ignorance , cette Satellite fidèle de la Tyrannie , cette compagne inséparable de ses excès ; l'homme de bien , étonné , frappé de terreur, cherche en vain sa première énergie, désespérant d'être utile à son pays , il s'enveloppe de sa vertu , et n'attend plus que l'ordre de livrer sa tête à l'échafaud ; c'est alors que le conspirateur n'a plus qu'un pas à faire ; le pouvoir est à lui, et le Peuple trompé , est prêt à bénir la main qui l'enchaîne , jusqu'à ce qu'enfin le Tyran succombant sous ses propres excès , n'offre plus qu'un objet d'horreur et de mépris.

Telle est en peu de mots l'histoire de la Tyrannie que l'énergie de la Convention Nationale a renversée le 10 Thermidor. Il est une fatalité plus forte que les hommes , et au-dessus des calculs de la prévoyance : profitons de nos erreurs , reparons le mal , brisons avec courage les faisceaux de la dictature , et condamnons au mépris des siècles , ses stupides et féroces Proconsuls.

Il est de la destinée de toutes les Révolutions qui enfantent la liberté, de parcourir le cercle de toutes les factions , de toutes les les folies , pour revenir ensuite aux principes où elle se fixe irrévocablement.

Tel est le point où nous sommes arrivés , où nous devons former l'inébranlable résolution de nous maintenir : il faut aujourd'hui que les mots soient rendus à leur signification primitive ; et les hommes et les choses remis à leur place.

Citoyens, pour parvenir à cet heureux résultat , je n'ai que mon courage et la constante volonté de faire le bien. Que tous les Républicains se réunissent à moi ; qu'ils m'environnent de leurs lumières , et me secondent de leur zèle : c'est à la lueur de l'opinion publique que je veux rechercher les abus et punir les coupables ; l'opinion publique n'est pas pour moi dans un administration , dans une aggrégation particulière , quelque soient d'ailleurs ses intentions ; mais dans tout le Département, dans toute la France, qui veut enfin que la JUSTICE ne soit plus une chimère et la LIBERTÉ un mot vide de sens. Je recueillerai donc tous les avis qui me seront donnés, et toutes les plaintes qui me seront faites : indiquez moi le citoyen opprimé, celui qui ne reçoit pas les secours que la Loi accorde aux malheureux. La vertu que la Nation appèle à remplir les places, le talent que la Tyrannie a relégué dans l'obscurité, son poste n'est point dans l'oisiveté de la retraite, mais à la tête des affaires ; c'est lui qui en Pilote habile doit faire rentrer dans le port le vaisseau de l'État, que l'orage en avoit écarté, et qui alloit être englouti dans les flots sans le génie protecteur qui veille sur notre Patrie : quand bien même ce ne seroit pas à l'homme éclairé un devoir impérieux de donner son temps et ses veilles à la République, quelle carrière plus douce à parcourir pour l'honnête homme que celle où il peut faire le bien, en faisant sentir à ses concitoyens quelle différence il y a entre l'instruction et l'ignorance.

Administrateurs, Magistrats, que la force des circonstances a placés à la tête des corps politiques, et qui pour remplir ces fonctions difficiles dans un moment de Révolution principalement , vous sentez incapables d'en supporter le pénible fardeau , abdiquez courageusement un poste que vous ne pouvez occuper avec succès ; et au sein de la retraite , au milieu de sa famille , que de devoirs il reste à remplir envers la Patrie pour le véritable Républicain ; c'est là que mettant à profit une utile industrie , il sert réellement son pays et lui-même ; c'est là qu'il pratique les vertus qui siéent si bien à la LIBERTÉ. Rendons au commerce le négociant habile dont les spéculations enrichissent l'État; rendons au travail l'artisan laborieux , aux champs l'agriculteur utile; qu'appellés tour-à-tour aux fonctions publiques , ils les considèrent plutôt comme un fardeau que le bien de la Patrie leur impose passagèrement , que comme un moyen de fortune et d'ambition.

Trop long-temps un système barbare a ravagé la France , dévoré sa population , ruiné ses moyens d'existence , proscrit les arts , comprimé l'énergie du talent et mis un frein à l'essort du génie ; nous avons de nos jours, et dans le siècle de la philosophie , vu renouveller les fureurs des Gots et des Vendales , posons des bornes insurmontables à tant d'excès , la France républicaine veut que le régime des principes commence , son vœu sera rempli.

Les principes réprouvent la Tyrannie de quelque masque quelle se couvre ; les amis de *Capet* et ceux de *Robespierre* sont les mêmes aux yeux des Républicains : ils leur ont juré une guerre à mort, et ils ne déposeront leurs armes que lorsqu'ils seront réduits à l'impossibilité de nuire : en effet, les uns et les autres n'ont-ils pas les mêmes intentions, ne marchent - ils pas au même but, quels que soient les termes qu'ils emploient ? ne prêchent - ils pas la même doctrine, de quelques noms qu'ils décorent leurs desseins sacrilèges ? Dictature, Triumvirat, Royauté, n'est-ce pas toujours de la Tyrannie ? certains personnages n'ont-ils pas semblés se ranger sous la même bannière que les vrais ennemis du Peuple ? n'ont-ils pas également conspiré contre la Représentation Nationale en s'associant à un nouveau Tyran, en offrant de lui servir de rempart contre la vengence des Lois, en couvrant la France de deuil *et d'assassinats?* La Convention Nationale les a tous anéantis d'un même coup, sans doute ils forment des vœux insensés, ils se nourrissent de coupables espérances ; leurs menaces, leurs projets d'assassinats manifestés jusques dans le Sénat, seront anéantis : qu'ils tremblent, il n'est point d'amnistie pour eux, et la JUSTICE réellement mise à l'ordre du jour, n'admet plus de composition avec le crime !

Aujourd'hui la ligne de démarcation est tracée, d'une manière ineffaçable, les amis et les ennemis de la LIBERTÉ sont en présence dans l'intérieur comme aux armées ; dans l'intérieur comme aux armées, les derniers seront vaincus, et bientôt la République jouira du bonheur et de la Paix que le règne de la JUSTICE a déjà assuré à nos Cités et à nos Campagnes.

Qu'ils sont insensés ces partisans de la terreur ! eh quoi ! quel esprit de vertige les a pu porter à croire qu'après avoir frappé le dernier Tyran, le PEUPLE FRANÇAIS aurait pu consentir à laisser survivre la TYRANNIE ; qu'il eut préféré l'esclavage le plus ignominieux, aux douçeurs de la LIBERTÉ, le régime des Bastilles et des proscriptions à celui des droits de l'Homme, et de la JUSTICE ? Ils ont pu croire, ils ont osé dire que nos armées ne vaincroient plus, que le découragement s'empareroit de nos braves frères d'armes, sans doute, parce que leurs parens, leurs amis ne seroient plus précipités dans les *Cachots*, et traînés sur les *Echafauds*, par les caprices d'un d'entre les cent mille despotes subalternes ! ils ont pu

croire que tant de sang généreux n'avoit été
répandu que pour consolider leur domination,
et que les soldats de la Liberté seroient assez
recompensés par l'honneur de mourir pour eux
et de recevoir dans le cours d'une pasquinade
un éloge reprouvé par la fierté Républicaine.

Français, quel est celui d'entre vous dont
l'ame ne se soulève pas d'indignation au sou-
venir de tant d'horreurs ? *Jurez tous avec moi
que la tyrannie s'est levée sur la France pour
la dernière fois, votre serment retentira dans
la Convention Nationale, elle apprendra que du
centre aux extrémités il n'est qu'un seul cri, qu'un
seul vœu, JUSTICE et LIBERTÉ.* Dans ce vœu
unanimement et énergiquement prononcé, elle
trouvera de nouvelles forces pour achever sa pénible et glorieuse carrière.

Heureux de seconder au milieu de vous ses
intentions bienfaisantes, je ferai tous mes
efforts pour répondre à la confiance dont elle
ma investie, en propageant ses principes avec
toute l'énergie d'un Républicain armé de la
Toute-puissance Nationale, pour faire chérir *la
JUSTICE et fonder la LIBERTÉ.* Malheur à qui
opposera de la résistance à ses décrets salutai-
res ! malheur à qui tenteroit avec dessein d'op-

poser des préjugés proscrits à la volonté Nationale , et qui auroit trouvé dans le retour des
Français aux principes, une réaction favorable
à ses combinaisons perfides et à ses intentions
criminelles !

Je vais passer maintenant à quelques réflexions
sur ce qui a eu lieu dans votre Département.

La Haute-Loire a donné de grandes preuves
de son attachement aux principes Républicains.
Comment se fait-il que les Lauriers cueillis par
les enfans n'ayent pas préservés de la foudre
les pères et les mères de famille ? Pourquoi ,
lorsque l'on étoit parfaitement tranquille sur la
conduite de ce Département, pourquoi , lorsque ses Phalanges ont renversé le Royalisme
dans la Lozère et dans Rhône et Loire , a-t-il
été traité en pays rebelle ? s'est-il manifesté
dans son sein des mouvemens qui fussent capables d'alarmer les bons citoyens ? a-t-il fallu
employer contre lui les forces Nationales ? Non,
ce sont ses propres habitans qui se sont déchi-
rés entre eux ; c'est l'audace de quelques-uns et
la foiblesse du plus grand nombre des Patriotes
qui ont ouvert toutes les portes à la Tyrannie.

Les Apôtres zélés du *Terrorisme* , s'ils ne sont
pas des perfides qui vouloient ramener le des-

potisme par l'anarchie , sont au moins des insensés qui puisoient leurs fureurs dans un cœur
corrompu et dans une ame vénale : celui-là ne
peut être vrai Républicain , un ami sincère de
son pays , qui fait un mal inutile , qui triomphe
au milieu des souffrances de l'humanité dont il
se rend l'aveugle et le vil fauteur.

Je connois quels ont été parmi vous , les
commencemens , les progrès et le comble de la
terreur ; je connois, et ne puis m'en taire, avec
quelle légéreté les citoyens ont été entassés dans
les Maisons d'arrêt (1), avec quelle inhumanité
certains individus chargés de veiller à leur garde,
ont insulté au malheur. Portez vos regards en
arrière , et que ce soit pour la dernière fois :
voyez l'abîme que vous creusoit votre impré-
voyance , et que le passé vous serve donc à
jamais de leçon ; calculez combien la LIBERTÉ
publique est compromise , lorsque celle des individus est foulée aux pieds.

---

(1) J'ai trouvé dans les prisons du Tribunal criminel ,
des Bergers et un très - grand nombre d'hommes, de
femmes et de filles de campagne d'une ingorance crasse
et dans la plus affreuse misère , incarcerés depuis très-
long-temps, la plupart pour des propos fanatiques.

Que veulent dire ces listes de proscriptions , sans signature , et sans motifs , avec lesquels on arrachoit impunément les Citoyens à leurs foyers ? Que signifient ces dénonciations où l'on accusoit d'intelligence avec les malveillans , des particuliers qu'on déclaroit en même-temps *incapables d'avoir apperçu les principaux évènemens de la Révolution ?* et celle où l'on établissoit *qu'une probité rare n'est pas une preuve de civisme.* Jetter ses semblables dans les cachots sur de pareils motifs , et sur d'autres plus futiles encore , n'étoit-ce pas préparer de gaîté de cœur des victimes au Tyran ? n'étoit-ce pas s'exposer . se livrer soi-même à sa hache meurtrière (2).

Lorque la JUSTICE et les hommes sont avilis à ce point , à quels excès ne peuvent pas se porter les partisans du désordre , les ennemis des principes et des mœurs ? Quelles sont les autorités constituées qu'ils ne feront point plier sous le joug de leurs passions brutales et effré-

---

(2) Les incarcérations étoient faites avec tant de confusion , que le Comité de surveillance du Puy , après la Loi du 18 Thermidor , a été obligé de demander à quelques Détenus , depuis quand , et pourquoi ils y étoient.

nées

fiées, celles de cette Commune et de ce Départe-
tement, je le dis à regret, n'ont pas été exemp-
tes de cette foiblesse. Ce n'est pas sans douleur
que j'ai appris que pendant *huit mois entiers*
l'instrument de la mort avoit affligé dans cette
Cité (3), la vue des Républicains ; que des
femmes dont la foiblesse doit toujours être res-
pectée, avoient été exposées aux ignominies les
plus atroces , et que ces scènes dégoûtantes
n'avoient point été arrêtées par la présence
même des Magistrats du Peuple : sommes-nous
donc des Cannibales ou des Français régénérés ?

Des mesures , j'en conviens , devoient être
prises pour assurer la tranquillité compromise
par les regrets et l'inquiétude de la superstition ,
par quelques Prêtres factieux et des Religieuses
imbéciles ; mais astreindre sous peine d'amende
où de reclusion, des filles qui ne tenoient à aucune corporation , des mères de famille , à un
serment qu'aucune loi , qu'aucune vue politi-

----

(3) J'ai appris que des femmes de campagne , pour
avoir été trouvées un peu mieux ajustées un jour de
Dimanche , avoient été renfermées sous l'*Échafaud* de la
Guillotine.

que ne rendoient nécessaire de leur part (4);
mais couvrir de boue la figure humaine , c'est
violer tous les droits , c'est établir la domination des hommes exaspérés , qui transforment
tout en crime pour ne vivre que de vexations
et de cruautés. Enfin, c'est renverser toutes les
règles de la nature et de la société , et si les
maisons ont été incendiées (5) , si le brigan-
dage a étendu ses ravages jusques sur la chau-
mière du pauvre , et si les routes ont été rou-
gies du sang des prévenus que la JUSTICE te-
noit sous sa main (6) , quel exemple veut-on

-----

(4) Dans la Commune de Vélonne ci-devant St. Pau-
lien , la Municipalité a pris un Arrêté portant que toutes les filles et femmes mariées ou non , seroient tenues
de prêter le serment sous peine d'amende et de réclu-
sion. *Cet Arrêté a été exécuté.*

(5) Ces faits ont eu lieu dans les Cantons de Rozières ,
District du Puy , et près de Grazac , District de
Monistrol.

(6) Dans le courant de l'année dernière, les nom-
més Aulagnier, ex-procureur de la Commune d'Issyn-
geaux ; Perbet, ex-prêtre et Montagne , tailleur d'ha-
bits , furent assassinés lors de leur translation avec d'autres Détenus, de Mont-franc au Puy. Ils étoient conduits par un détachement de Gardes Nationaux du Puy

de plus pour prouver à quel point sont blamables les Fonctionnaires qui n'ont point opposé une digue à ces débordemens : heureux s'ils n'ont pas souvent flaté le vice, et n'ont pas été ses principaux instigateurs ! Vous avez vu où nous avoient conduits tant d'excès ; ils se commettoient sous vos yeux, et dans votre stupeur, vous en étiez complices par un lâche silence, ou par une inaction condamnable.

Revenons, Citoyens, à des idées plus saines, voyons la LIBERTÉ et L'ÉGALITÉ des yeux de la philantropie. Que la Haute-Loire ne ternisse plus les actions éclatantes qui lui assurent une des premières places dans les fastes de la République ; profitons de nos erreurs mutuelles pour ne plus nous laisser surprendre. Je reconnois dans la masse des habitans de ce Département, un patriotisme mille fois éprouvé, et une parfaite soumission aux Lois et aux Autorités constituées. Mais je suis chaque jour plus révolté de voir combien le vendalisme et l'esprit de vertige avoient égarés votre bonne foi, et vous avoient éloignés du véritable sentier. Je

---

et d'Isseyngeaux, qui s'empresseront, sans doute, à désigner les vrais coupables.

séconderai de tout mon pouvoir les efforts que
vous avez déjà faits pour y rentrer.

S'il existe dans les corps constitués et dans
ceux qui dirigent la force armée, de ces hommes
qui repoussoient l'humanité, qui se faisoient un
patrimoine de la Révolution, et qui seroient les
serviteurs les plus soumis de la Tyrannie si elle
existoit encore, je saurai les connoître ; je saurai aussi ce que sont devenues les taxes révolu-
tionaires, et les amendes arbitraires. *Je ne souf-
frirai pas que des Juges de Paix ayent été impunément les ministres de la guerre intestine (7).*

Mais que le patriote qui ne fut emporté que
par son trop de zéle, s'il est d'un cœur droit,
et désintéressé, ne perde rien de notre estime ;
la Convention n'en veut, vous ne devez en
vouloir qu'a l'immoralité bien caractérisée : ne
jettez vos vues que sur les constans amis du
Peuple, qui furent en tout tems l'appui de
leurs concitoyens opprimés ; qui se prononcèrent
dés le conmencement de la Révolution, et qui
restèrent toujours dans la ligne des vrais principes.

Je serai circonspect à entendre ceux qui

---

(7) On m'a assuré qu'il s'ést commis dans le Canton
de Rozières une infinité de vexations.

eurent à se plaindre de trop de rigueur ; je le serai encore plus à l'égard de ceux qui ne furent pas exempts de reproches, et que les mesures de sûreté générale durent nécessairement atteindre ; si la Nation triomphante les a rendus à la liberté, c'est pour donner un exemple de sa générosité ; mais qu'on ne pense pas qu'elle soit tentée de donner de nouvelles armes aux préjugés nobiliaires, ou superstitieux ; si d'une main elle soulève les baïonètes que des furieux capables de tout perdre, dirigeoient contre les opinions, de l'autre, elle tient avec fermeté le sceptre de la Justice, avec lequel elle saura réprimer toutes les entreprises, tous les écarts, qui sembleroient appeler le retour des principes destructeurs du gouvernement libre et démocratiqne.

Citoyens, réunissez vous à moi, soyez avides du bon ordre, et du repos, et nous y parviendrons : sachons éviter tous les écueils, les chants trompeurs des Sirènes, les chiens et les loups dévorans de Caribde et de Scylla : c'est ainsi que nous conduirons enfin à bon port le vaisseau de la République.

Rétablisons par tout l'empire de la Fraternité, qui excuse et qui pardonne ; de l'Égalité qui

agrandit l'ame, en rendant à l'homme sa dig-
nité ; de la Liberté qui procure aux citoyens
paisibles la sûreté de leurs personnes, et de
leurs propriétés, et à l'État sa gloire et sa
puissance.

VIVE LA RÉPUBLIQUE.

N. B. L'impression de ce Discours et
l'envoi à toutes les Communes du
Département, a été demandé à l'una-
nimité par l'Assemblée générale et
par la Municipalité du Puy.

www.ingramcontent.com/pod-product-compliance
Lightning Source LLC
Chambersburg PA
CBHW051355050726
47595CB00006B/2574